Måla på stenar

Lin Wellford

Måla på stenar

Översättning från engelskan av Bodil Svensson

BERGHS

Den här boken har gjorts med utgångspunkt från böckerna:
The Art of Painting Animals on Rocks
Utgiven av North Light Books, an imprint of F&W Publications, Inc., Cincinnati, Ohio
Copyright © 1994 by Lin Wellford
Design: Sandy Conopeotis
och Painting Flowers on Rocks
Utgiven av North Light Books, an imprint of F&W Publications, Inc., Cincinnati, Ohio
Copyright © 1999 by Lin Wellford
Design: Mary Barnes Clark

Svensk utgåva:
Copyright © Berghs Förlag AB, Stockholm 2001
Översättning: Bodil Svensson
Sättning: Ljungbergs sätteri, Köping
Andra tryckningen
Tryckt hos: Nørhaven Book, Viborg 2002

ISBN 91-502-1425-X

Mångfaldigande av innehållet i denna bok, helt eller delvis, är enligt lagen om upphovsrätt till litterära och konstnärliga verk förbjudet utan medgivande av copyright-innehavarna. Förbudet gäller varje form av mångfaldigande genom tryckning, kopiering, bandinspelning, överföring till elektroniskt media etc.

Innehåll

Inledning 6

Nyckelpiga 11

Primulor 17

Tulpaner 25

Kanin 35

Kattunge 43

Räv 51

Krysantemum 61

Inledning

Sedan de första grottmålningarnas tid har konsten att avbilda utvecklats på olika sätt i många etapper. Dagens konstnärer kan välja mellan en förvirrande mängd material och metoder. Samtidigt har intresset för ekologiska frågor ökat och gett naturmaterial en extra lockelse.

Att måla på sten är det perfekta sättet att förena gammalt med nytt. Genom tekniska framsteg har vi fått härdiga akrylfärger och lacker. Och bra stenar, som slipats under århundraden, hittar man överallt. De är i själva verket så vanliga att många tycker att de är värdelösa. Men för mig är det som att gå på skattjakt när jag ger mig ut för att leta efter stenar att måla på.

Det var en ren händelse att jag fick upp ögonen för tjusningen med att måla på sten. Under många år hade jag ägnat mig åt penn- och tuschteckningar och akvareller och som så många andra konstnärer tvingats lägga ner stora summor på att alltid ha ett dyrbart lager av material till hands. Dessutom tycktes kostnaderna för efterbehandling och inramning av tavlorna stiga för varje gång.

Jag upptäckte stenarnas möjligheter sedan jag flyttat till Ozarkbergen i nordvästra Arkansas. Vid en bäck plockade jag upp en sten, ungefär lika stor som en bakad potatis och med nästan samma form. När jag höll den i handen tyckte jag att den såg ut som en liten hopkurad kanin. Jag tog hem den för att ge den ögon, öron och svans. Hänförelsen grep mig i samma ögonblick som jag satte dit små vita fläckar i pupillerna och upptäckte att kaninen fick en glimt i ögonen. Förvandlingen kändes magisk: den oansenliga stenen blev en vildkanin, som faktiskt tycktes iaktta mig.

Under femton år har jag nu målat

tusentals stendjur. Mitt menageri omfattar alltifrån ormar och fåglar till praktiskt taget alla pälsdjur jag kan tänka mig.

Intresset för den här unika konstarten har jag också under årens lopp förmedlat till andra. Oavsett ålder och konstnärlig erfarenhet kan de flesta, med lite hjälp och vägledning, få uppleva det fantastiska i att "ge stenar liv".

Att måla på stenar är både spännande och tacksamt och jag hoppas att den här boken ska inspirera många till att prova på det.

Samla stenar

De bästa resultaten får du med rätt stenar. Välj sådana som har slipats och rundats av i kontakt med vatten. Leta längs strömmande vattendrag. Sök längs stränder och utmed åar och älvar. Om du inte känner till några bra platser där du bor kan du fråga exempelvis en sportfiskare var det finns stenstränder. Orienterare kan också komma med tips. Säkert hittar du något ställe att söka på, kanske intill en bäck inte alls långt från vägen. Det gäller bara att ha ögonen öppna och innan du vet ordet av har du plockat så mycket du orkar bära.

Har du svårt att nå ett vattendrag finns fler möjligheter. Ibland hittar man fina stenar på andra platser i landskapet. Och visar sig omgivningarna där du bor helt stenlösa säljer de flesta handelsträdgårdar ofta rundade stenar till stenpartier och andra ändamål. Även om du måste köpa stenarna, är de ändå billigare än annat konstnärsmaterial.

Håll också utkik efter stenar när du reser, men tänk på att i nationalparker och andra skyddade områden kan det vara förbjudet att bortföra material. Och på enskild mark bör man fråga först, men under alla år jag har samlat sten har ingen markägare någonsin hindrat mig från att ta de stenar jag velat ha.

Det finns några typer av stenar som du bör undvika. I områden med sandsten kan det hända att stenarna är på väg att falla sönder när som helst. Jag kallar det för "stenröta". Testa också stenens beskaffenhet genom att gnida lätt med handen på ytan – om det lossnar sand från den kan det hända att färgen inte kommer att fästa ordentligt. Välj då en annan sten.

Undersök stenytan noga och se efter hur jämn den är. En del stenar har små gropar, som i en del fall kan ge målningen en fin struktur. Men är ytan alltför ojämn blir det svårt att måla distinkta detaljer och göra strecken tydliga i till exempel en päls.

En bra regel är att undvika stenar med skarpa vinklar eller vassa, sargade kanter. Ibland går det ha en dålig sida som undersida, men för det mesta är det bäst att välja de jämnaste och slätaste stenarna, i alla fall för nybörjare. En sten behöver förstås inte vara oanvändbar för att den har sprickor eller en utbuktning. Så småningom lär man sig att se hur sådana egenheter kan utnyttjas och faktiskt göra slutresultatet mer realistiskt. Kanske en utskjutande del blir perfekt till djurets huvud eller till en annan kroppsdel. En fåra eller en ytlig spricka kan passa bra som svansmarkering eller bli en gräns mellan två delar, som på stenen med ekorrar på bilden på sidan 9. Vill man fylla igen

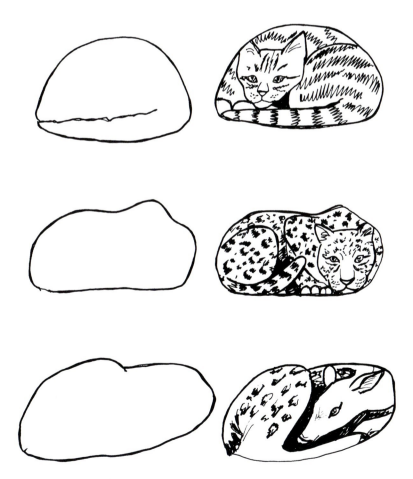

gropar eller andra småskador går det bra med plastiskt trä, som torkar snabbt och kan övermålas. Det är också användbart för att jämna till botten på stenen så att den står stadigare och inte vippar.

Riktigt platta stenar har jag också svårt att hitta användning för. De ger inte tillräckligt med volym för att man ska uppfatta dem som kroppsformer. Välj därför helst stenar som är minst fem centimeter tjocka.

Ett annat krav är att stenen ska ha minst en plan sida som den kan vila på. Stenar som står ostadigt och hotar att tippa över ända blir inte bra som djur. Vrid och vänd på stenen innan du förkastar den, kanske finns det en bra yta som kan bli undersida.

Det är klokt att tvätta stenarna ordentligt innan du börjar måla. Använd skurpulver eller löddrande rengöringsmedel av den typ som passar till badrum. Borsta noggrant bort alger och allt som sitter löst. Låt sedan stenarna torka ordentligt.

Material och tillbehör

De flesta exempel i den här boken kan målas med ett ganska litet urval akrylfärger. Det går lika bra med tjock konstnärsfärg på tub som med mer lättflytande hobbyfärg på burk eller flaska. Jag föredrar konsistensen hos hobbyfärgen, den passar mig bäst. Båda typerna är lätta att få tag på hos färghandlare och i hobbybutiker. Färgen i de små plastburkarna räcker förvånansvärt länge, men kulörer som jag använder mest av, som svart och vitt, köper jag alltid i större förpackningar.

Jag har en mängd olika penslar, men i allmänhet tar jag helst någon av mina tre eller fyra favoriter. Först och främst behöver du en smal rundpensel med fin spets till tunna linjer och små detaljer, som alltid är viktiga när man målar på sten. Du kan mycket väl börja med relativt billiga hobbypenslar med nylonborst, men om du tänker måla mycket rekommenderar jag de dyrare mårdhårspenslarna. De behåller formen bättre och har mycket längre livslängd än de syntetiska.

Du behöver också en bred flatpensel för att behändigt täcka större ytor. Dessutom behövs två penslar i mellanstorlek, en rund och en med rakt skuren borst, nr 5 är lämpliga. Om du har gamla använda penslar med borst som spretar ska du inte kasta dem, de kommer väl till pass när du ska måla hårstrån i djurpälsar.

En låg folieform eller en gammal tallrik duger fint som palett och penslarna kan du skölja i en plastmugg.

Arbetsplatsen ordnar du på ett rymligt bord där det finns bra belysning. Skydda bordytan ordentligt med tidningar. Tidningarna är dessutom utmärkta när du behöver kontrollera konsistensen på färgen eller stryka av överflödigt vatten från penslarna. Efteråt brukar jag använda tidningarna en gång till – som förpackningsmaterial runt färdiga alster.

När man arbetar med tyngre stenar underlättar det om man kan lägga arbetet på en låg, vridbar skiva.

I övrigt behövs bara blyertspennor, en vit tavelkrita, ett måttband och lite fantasi.

Om du efter några försök tycker att det här är en hobby för dig, rekommenderar jag att du börjar samla på djurbilder. Ju fler, desto bättre. Trots att jag målar samma djur om och om igen har jag märkt att bra foton ger inspiration och hjälper mig att se på motiven med nya ögon.

Till sist: Instruktionerna i boken är menade att underlätta för den som vill lära känna ett nytt material. Vi har alla en unik konstnärlig förmåga som präglar det vi gör. I skapande arbete finns det alltså inget rätt eller fel, inte heller när det gäller att måla stenar. Det viktiga är att man är nöjd själv. Min förhoppning är att exemplen ska vara en språngbräda för att komma vidare, så att du kan utveckla en egen stil efter dina individuella förutsättningar.

Till stenmålning behöver du
- akrylfärger
- smal rundpensel med fin spets, s.k. fineliner
- bred flatpensel, s.k. moddlare
- mellanstor rundpensel
- mellanstor flatpensel
- mellanstor filbertpensel (till blommor)
- palett
- mugg att skölja penslar i

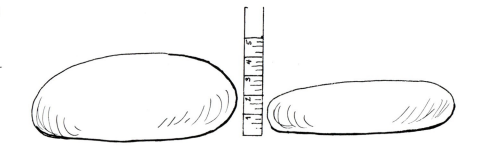

Nyckelpiga

När man ska måla på sten är nyckelpigan en bra modell att börja med. Den har en enkel disposition och målas i klara färger.

Som med alla andra projekt i boken är en av förutsättningarna för ett lyckat resultat att man väljer en lämplig sten. Till nyckelpigan kan stenen vara liten som en kapsyl eller stor som en tallrik, men är den alltför klumpig tappar den en del av sin charm. Å andra sidan ställer riktigt små stenar större krav på precision och handlag. Så första gången gör du klokt i att välja en sten som är mellan 5 och 10 cm i diameter och så slät som möjligt.

Stenen kan vara helt rund eller lite oval i formen, bara den är symmetrisk. Bäst passar stenar som är rundade på ovansidan, som en kupol. Oavsett hur rund ryggsidan är, måste stenen ändå vara ganska plan på undersidan.

Perfekt form för en nyckelpiga.

Det här behöver du

- akrylfärger: svart, rött (eller annan färgstark kulör), vitt och blått
- penslar: 2,5 cm bred flatpensel, rundpensel i mellanstorlek, fineliner
- blyertspenna
- pappersark
- sax
- pappbit

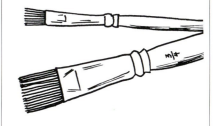

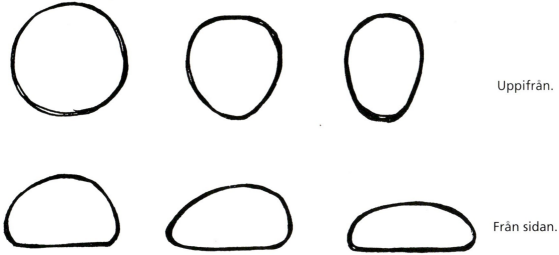

Bra stenar till nyckelpigor kan vara runda, ovala eller droppformade.

1 Disposition

När du har hittat en lovande sten börjar du med att skrubba den ren och låta den torka. Rita sedan in vingarna på fri hand som på stenen nedan. Alternativt kan du göra en mall av papper att rita efter.

Vingkonturer.

1 Lägg stenen på ett pappersark och rita ett blyertsstreck runt undersidan.

2 Klipp ut cirkeln eller ovalen efter strecket.

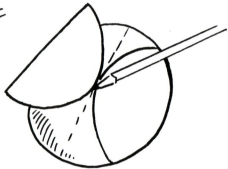

3 Vik ihop rundeln på mitten. Den rundade sidan passar som mall till nyckelpigans vingar.

4 Rita en rak linje utmed mitten på ryggsidan, ta gärna hjälp av en linjal.

5 Lägg mallen med rundningen mot mittlinjen så att den täcker ena halvan av stenen. Rita ett streck längs mallens rundning. Vänd över mallen på andra sidan mittlinjen och gör ett motsvarande streck på den halvan.

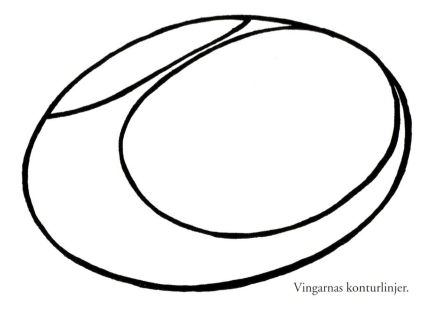

6 Komplettera vingarna till ovaler. Går det inte bra första gången är det bara att sudda ut strecken och försöka igen.

Stenen ska vara indelad i tre större sektioner: två likadana vingar och en huvuddel. Dessutom bildas en liten triangel i nyckelpigans bakände där vingarna böjer av från varandra.

Vingarnas konturlinjer.

2 Måla de svarta ytorna

Häll ut lite svart färg på paletten. Har du hobbyfärg går det nog att använda den som den är, men konstnärsfärg på tub kan behöva spädas lite med vatten. Färgen ska vara lätt att stryka ut, men täcka ordentligt. Om färgen rinner eller om stenens egen färg lyser igenom när det svarta har torkat, är färgen för tunn – måla då en gång till med svart. Om färgen däremot känns torr och är svår att stryka ut, kan du tillsätta några droppar vatten.

Måla stenen svart överallt utom på vingarna och på undersidan. Börja med en bred pensel men byt till en smal då du ska måla randen mellan vingarna på ovansidan. Gör inte randen bredare än ca 3 mm.

Låt den svarta färgen torka innan du fortsätter.

Måla svart överallt utom på vingarna och undersidan.

Vrid stenen för att komma åt överallt.

3 Färglägg vingarna

Nu måste du bestämma färgen på nyckelpigan. Röd, gul eller orange är bra färger, men väljer du en ljus nyans kan det behövas flera lager för att få en täckande yta. Måla innanför kanterna på vingarna utan att darra på handen. Låt färgen torka innan du målar ett lager till om det skulle behövas för att få en täckande färgyta.

Vänd på stenen och se till att vingarna är färglagda överallt. Skulle du av misstag komma in på det svarta när du målar är det ingen katastrof. När färgen har torkat målar du bara över med svart så att det blir snyggt.

Rött, gult eller orange passar bra till vingarna.

Förslag på prickmönster.

4. Vingarnas prickar

Antalet prickar och deras placering på vingarna avgör du själv. Du kan ha ett fåtal stora prickar på var vinge eller många små. Se bara till att du sprider ut dem så att de inte överlappar. Båda vingarna ska ha samma mönster. När vingfärgen har torkat ritar du först upp prickarna med en penna. Ge dig inte förrän du är nöjd med placeringarna, om det blir fel kan du lätt måla över blyertsstrecken.

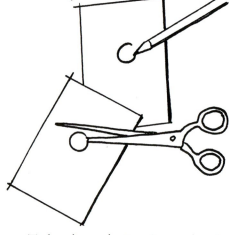 

Tycker du att det är svårt att rita på fri hand eller om du vill att alla prickar ska vara lika stora, gör du först en mall: Välj ett runt föremål av rätt storlek och rita runt det på en bit pappkartong (steg 1). Skär ut cirkeln (steg 2). Markera var du vill ha prickarna på nyckelpigan. Lägg kartonghålet över markeringen, pressa ner mallen mot stenen och måla cirkelhålet med mellanstor pensel och svart färg (steg 3). Lyft bort mallen rakt upp för att undvika kladd. Låt pricken torka innan du fortsätter med nästa. Medan du väntar kan du måla en prick på den andra vingen. När du är klar med alla prickar och de har torkat kanske du behöver jämna till ytterkanterna på en del av dem med vingfärg. Använd den spetsigaste penseln till det.

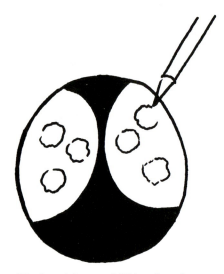

Rita in prickarna på fri hand med en blyertspenna.

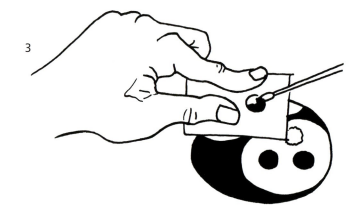

5. Ansiktet

Du kan variera nyckelpigans uttryck genom att måla ansiktsdragen på olika sätt. Jag föredrar glada nyckelpigor, men det finns många alternativ.

Vilket uttryck du än ger nyckelpigan ska du vara extra noga när du målar ansiktet. Använd en riktigt spetsig pensel och se till att färgen är så tjock att den täcker ordentligt på den svarta grundfärgen. Det kan hända att du måste fylla i dragen flera gånger för att de ska bli riktigt tydliga. En fördel är att du alltid kan måla över med svart och göra om sådant du inte är nöjd med.

För att skydda nyckelpigan och göra den lite blankare kan du lacka över ytan när du är klar. Skyddslack finns som sprej eller i flytande form. Den senare penslas på eller gnids in med en trasa som inte luddar.

När du har målat ett par nyckelpigor kanske du blir riktigt biten av småkryp. Bland skalbaggarna hittar man en förvånande variationsrikedom av vackra färger och olika former. Titta efter förebilder i insektsböcker eller använd helt enkelt fantasin.

Olika ansiktsuttryck.

Ta tjock vit färg till ögonen.

Antennerna sitter ovanför ögonen.

En samling färgstarka skalbaggar.

Primulor

Primulor med färgstarka blommor som sitter tätt är idealiska motiv att måla på stenar. Plantornas form passar bra till rundade stenar och kronbladen är lätta att måla. Dekorerade blomstenar kan användas som papperstyngder eller läggas ihop i en klunga som ett konstverk. Levande primulor är vackra och omtyckta blommor, men utomhus trivs de inte överallt och inomhus blommar de bara en begränsad tid. För många av oss är därför målade primulor ett utmärkt sätt att få njuta länge av den lite gammaldags charmen hos de här blommorna.

Välj en trind sten med rund eller oval form. Stenen bör vara minst lika stor som din handflata är bred, men inte större än en utsträckt hand. Skrubba den ren och låt den torka innan du sätter igång.

Det här behöver du

- akrylfärger: svart, ljusgrönt, mörkgrönt, vitt, rött, solgult, ockergult och brunt
- penslar: bred flatpensel, fineliner nr 0 eller 1, några olika stora rundpenslar eller s.k. filbertpenslar med avrundad borst
- vit tavelkrita

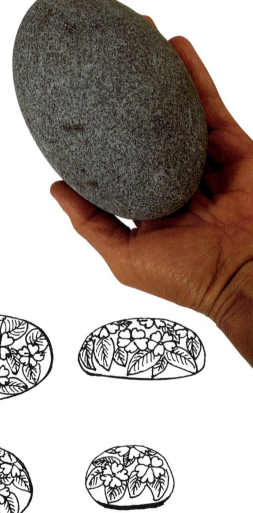

Bra sten med rätt form och storlek till en bukett primulor.

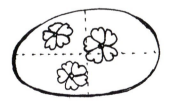  

Förslag till disposition av en större oval sten och en mindre rund.

1 Grundmålning

En mörk bakgrund är bäst för att framhäva blommor och bladverk.

Häll ut lite svart färg på paletten. Ta en stor klick ljusgrön färg på en flatpensel och blanda med den svarta, det dämpar svärtan något. Om du vill kan du i stället ta brunt. Det viktiga är att bakgrunden blir mörk. Grundmåla hela stenen utom en liten oval på undersidan, där du sedan kan signera och datera ditt verk när det är färdigmålat. Låt grundfärgen torka före nästa steg.

Den mörka grundfärgen blir en effektfull bakgrund.

2 Disposition

Det är till stor hjälp att dela in stenen i fyra jämnstora rutor. Dra linjerna vinkelrätt mot varandra med vit krita.

Varje primulablomma består av fem hjärtformade kronblad, sammanfogade med en liten rundel i mitten. Rita med vit krita den första blomman i övre, högra rutan på stenen. Gör blomman ca 4 cm i diameter. Skissa sedan ytterligare två hela blommor i de angränsande rutorna, placera dem så att de bildar hörn i en oregelbunden triangel. Rita därefter två blommor så nära intill två av de tidigare att kronbladen delvis överlappar. Det ger ett mer realistiskt intryck.

Stora blommor är lättare att måla och blir vackrare.

Komplettera med tre eller fyra blommor till på stenens ovansida, men lämna den undre tredjedelen av stenen till bladen. Låt ett par av blommorna snudda vid varandra och placera resten åtskilda.

Rita till sist ut bladverket runt blommorna. Gör enkla, breda, ovala blad. Variera vinkeln och storleken på bladen vartefter du "sticker" in dem under blommorna. På ovansidan av stenen fyller du ut tomrum mellan blommorna med delar av blad eller bladspetsar. Se bilderna på nästa sida.

Så här målas kronbladen på en primula steg för steg.

3 Färglägg blommor och blad

Måla innanför kronbladens konturer med solgult. Använd en rundpensel, nr 6 eller 8, eller en filbertpensel nr 4. Ljusa kulörer behöver ofta läggas på i två lager för att täcka ordentligt. Låt mittcirkeln i varje blomma vara svart (eller brun). Medan kronbladen torkar målar du bladkonturerna med ljusgrönt. Glöm inte att färglägga eventuella delar av blad mellan blommorna.

4 Måla blommornas mitt

Välj en liten rundpensel och måla en stjärna inuti varje blomma, men låt mitten fortfarande vara mörk. Ta ockergult med lite ljusare solgult på penseln.

Stjärnorna behöver inte vara regelbundna, eftersom de smälter ihop med de gula kronbladen. Är blommorna däremot röda, vita eller violetta, bör man vara mer noggrann med formen på stjärnorna.

Byt till en fineliner och doppa den i en blandning av ljusgrönt och samma gula färg som till stjärnorna, ungefär lika mycket av varje. Måla prickar i blommornas mörka mitt, men låt bakgrundsfärgen synas runt kanterna – det ger ett extra djup åt motivet.

Bleka kulörer, som gult eller vitt, kan behöva målas i två skikt för att täcka. Lämna en liten cirkel omålad i mitten av varje blomma.

Fyll i alla bladkonturer med enbart ljusgrönt.

Måla kontrastfärgen med lätta penseldrag utåt från mitten. Här används ockergult med lite solgult i.

Blommans mörka mitt får lyster med ett tillskott av en gnutta ljusgrönt i blandningen av ockergult och solgult.

5 Detaljer i blomman

Blanda lite brunt med en aning solgult. Välj en riktigt spetsig fineliner och dra några streck med brunt på kronbladen inuti den mörkare gula stjärnan i varje blomma. Den här bruna färgen använder du också till åtskiljande linjer mellan kronblad som överlappar varandra. Samtidigt kan du lägga en svag, brun skugga på det undre av de överlappande kronbladen.

Om kronbladen behöver separeras med ett tydligare streck blandar du lite svart i den bruna färgen.

Ljusbruna linjer markerar gränsen mellan kronbladen och ger djup åt den mörkgula stjärnan i blommans mitt. Samma nyans används till skuggor på underliggande blad.

Mörkare brunt ger en tydligare gräns mellan överlappande kronblad, men bör användas sparsamt.

6 Detaljer på bladen

Blanda ljusgrönt med lite svart så att kulören blir mörkare än bladfärgen men fortfarande är ljusare än bakgrunden. Använd en mellanstor flatpensel eller en filbertpensel och måla skuggor upptill på bladen där kronbladen hänger över. Dra ner skuggorna i en flik längs mitten av bladen. Låt ytterkanterna och spetsarna förbli ljusgröna.

Blanda därefter ljusgrönt med solgult till en klargrön nyans. Ta en spetsig fineliner och måla en taggig linje längs bladens ytterkanter. Måla också en ljus mittnerv i varje blad och dra ut nerver åt båda håll från den. För att skapa ett skimmer i bladen drar du små klargröna streck i utkanten på några blad, där man kan tänka sig att ljuset faller.

Mörkare grönt upptill på bladen får de delarna att sjunka inåt, vilket gör att kronbladen framhävs.

Ljusare gröna bladkanter och bladnerver ger bladen tydligare form och skapar en mer realistisk helhet.

Ljusgrönt med lite extra solgult ger ett svagt skimmer på bladen. Färgen borstas ut med torr borste eller läggs på lite ojämnt längs bladkanterna.

7 Avslutande detaljer

Vrid på stenen och studera den från alla håll. Då ser du om konturerna på något kronblad behöver förbättras. Verkar det trasigt eller är suddigt i kanten bättrar du på linjen med din spetsigaste pensel och svart färg. Syns några vita linjer efter kritan suger du försiktigt upp dem med en fuktig trasa när all färg har torkat ordentligt.

Signera ditt verk i botten och lacka det med ett tunt lager klart eller halvmatt akryllack. Det gör färgerna klarare och skyddar ytan.

Den färdiga blomstenen passar utmärkt som vacker brevpress eller annorlunda bordsdekoration.

Exempel på fler primulor i andra färger.

En sten med balsaminblommor, som liknar primulans.

Fler idéer

Det finns många blommor som kan målas på stenar på samma sätt som primulor. Du får talrika variationer genom att bara ändra storleken och formen på varje blomma.

En ovanlig flox …

… och en utsökt grupp med konvaljer.

23

Tulpaner

Alltid när jag betraktar de stiliga tulpanerna i min trädgård på våren önskar jag att de kunde stå kvar lite längre. Att måla av dem på stenar är ett trevligt sätt att kunna glädjas hela året åt deras vackra blad och färgsprakande blommor. Den tydliga, ovala formen gör dem extra lämpliga som objekt för nybörjare i den här konstarten, men även erfarna stenmålare inspireras av tulpanernas rika färgskiftningar och varierande utseende. Foton är bra som förebilder, speciellt när det gäller de realistiska detaljerna. Så spara på lökväxtkataloger!

Det finns många stenformer som passar till tulpaner. Lite kantiga, långsträckta stenar går bra, liksom något bredare stenar med plats för en rejäl grupp med tulpaner. Till min arbetsbeskrivning här valde jag en avlång sten från en flodbädd. Ena kortsidan är ovalt rundad men den andra tvär, vilket gör att stenen kan stå för sig själv. Om det behövs jämnar man ut botten med plastiskt trä. Är undersidan rundad eller alltför ojämn går det bra att "plantera" stenen i en blomkruka och fylla på med sand, grus, småsten, barkmull eller mossa.

När du har valt ut en sten skrubbar du den ordentligt ren från alger och smuts. Låt den torka. Skissa sedan gärna upp motivet på stenen innan du grundmålar den. Det är ett bra sätt att på ett tidigt stadium undersöka hur du kan utnyttja utbuktningar och inskärningar på bästa sätt. En fåra kan till exempel utgöra en naturlig kant på ett blad eller passa till en stjälk. Vrid på stenen och studera den från alla håll och kanter. Där stenen är som högst ska du placera din längsta blomma. När du lärt känna stenens egenheter är det dags att börja.

Det här behöver du

- akrylfärger: svart, ljusgrönt, mörkgrönt, vitt, rött och solgult
- penslar: 19 eller 25 mm flatpensel, 6 eller 10 mm flatpensel, filbertpensel nr 4, mellanstor rundpensel och fineliner nr 0 eller 1
- vit tavelkrita
- plastiskt trä (om det behövs till botten)

Tulpaner – en och en, i små buketter eller en hel kruka full – ger fägring hela året när de målas på stenar.

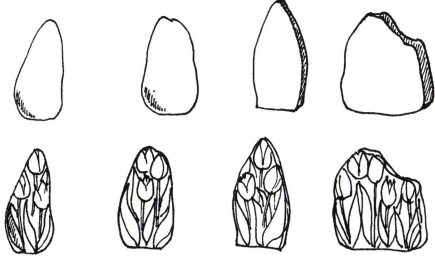

Alla dessa stenar passar som tulpanstenar. Höjden är en viktig faktor för ett lyckat resultat.

1 Grundmålning

Bakgrunden måste inte vara mörk, men kontrastverkan blir bättre mot tulpanblommornas och bladens klara färger. Blanda lite mörkgrönt i en stor klick svart. Det ger en behaglig men dramatisk bakgrundsfärg. Måla hela stenen utom botten. Låt färgen torka.

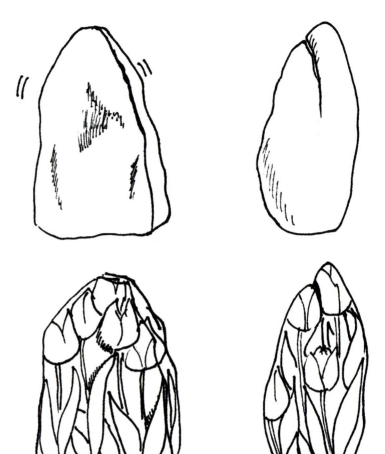

Grundmåla stenen med en grönsvart färg som kontrasterar fint mot blommor och blad.

Utnyttja knölar, gropar och sprickor till naturliga element i mönstret, då kamoufleras ojämnheter så att de smälter in i motivet.

2 Disposition

Två stenar är aldrig helt lika, så du kanske behöver modifiera min beskrivning något för att den ska passa in på din sten. Stenen ska dekoreras runt om, men börja med den sida du väljer som framsida. Formen och höjden på varje individuell sten avgör hur motivet ska utformas.

Om du tänker sätta ner den färdigmålade stenen i en kruka ska du göra det på prov redan nu, så att du ser hur mycket av stenen som kommer att synas. Du kan justera höjden genom att lägga i mer eller mindre fyllnadsmaterial, men försäkra dig om att stenen inte får krukan att tippa över. Krukan kan också komma väl till pass som stativ medan du målar stenen.

Ett klassiskt arrangemang är att sätta ihop tre blommor och det kan anpassas till många stenformationer. Börja med den högsta delen av stenen och rita där in den första blomovalen (se bild på nästa sida). Blommans storlek kan förstås variera, beroende på hur hög stenen är, men ett bra tips är att avbilda blommorna i så naturlig storlek som möjligt för att göra intrycket mer realistiskt. På min sten, som är lite drygt 30 cm hög, har jag gjort blomhuvudena ca 6,5 cm höga och 5 cm breda.

Placera blomhuvud nummer två vid sidan av det första och en liten bit nedanför. Den tredje blomman ska sitta ännu lite lägre, men under den första och helst lite åt andra hållet så att den inte hamnar rakt under. Stenens bredd får avgöra hur mycket blomma nummer tre kan förskjutas. Är det ont om plats kan du försöka luta blomhuvudet lite utåt mot kanten för att få en bättre balans i kompositionen.

När du är nöjd med blommornas placering på framsidan vänder du på stenen och ritar in ett eller ett par blomhuvuden på baksidan, i samma storlek som på framsidan. Vrid på stenen och kontrollera att du har placerat blommorna på olika höjd runt om.

Skissa därefter upp stjälkarna under blommorna. Gör några raka, andra lätt böjda. Stjälken till översta blomhuvudet döljs ibland delvis bakom någon av de främre blommorna.

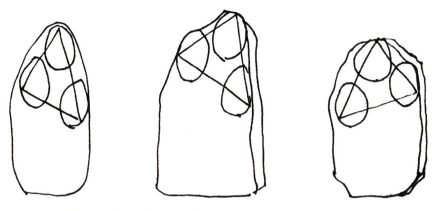

Några exempel på balanserad triangelplacering av tre tulpaner på olika stenar.

De vita kritstrecken är lätta att sudda ut med en fuktig trasa om någon linje blir fel.

Rita först blommorna som enkla ovaler. Låt sedan den riktiga tulpanformen växa fram med kronbladens rundade linjer. Då kommer också blomhuvudena att få volym.

Tulpanbladen har en tydlig skulptural form: smala nertill, bredast på mitten och sedan avsmalnande mot spetsen. Rita först in hela blad i de största utrymmena mellan stjälkarna. Placera sedan in blad som delvis skyms bakom blomhuvuden. Rita några blad så att de följer stenens rundning i ytterkanterna, det ger en bättre helhet. Variera bladens former och tjocklek för att intrycket inte ska bli stelt.

Vrid på stenen och komplettera med blad eller delar av blad runt om tills det bara återstår mindre fält av den mörka grundfärgen. Dessa ger kontrastverkan och skapar djup i kompositionen.

Tulpanens blommor ändrar form när de utvecklas och slår ut. Variera därför utseendet på blommorna med ledning av teckningen.

3 Färglägg blad och stjälkar

Bladverket hos många vårblommande växter, som tulpaner, narcisser och påskliljor, har ofta en blåaktig skiftning. Börja med en liten klick mörkgrönt och blanda i ungefär hälften så mycket ljusgrönt. Färglägg alla blad och stjälkar runt om stenen med en mellanstor rundpensel.

4 Mörka skiftningar på blad och stjälkar

Blanda den gröna färgen med en aning svart till en djupgrön kulör. Måla med den längs med ena sidan av stjälkarna – samma sida på alla. Skuggningen får dem att se runda ut. Måla sedan med samma färg en kraftigare linje längs mitten av de mest framträdande bladen: börja nertill, följ bladets form uppåt och avsluta i en spets nära toppen. Innan färgen torkar gör du övergången mellan de gröna färgerna mjukare genom att dra med fingret, en torr pensel eller en bomullstopp längs gränslinjen så att den suddas till. Mindre blad och sådana som delvis döljs bakom blomhuvudena sjunker längre bak i motivet om de får en bredare mörk rand mitt på. Måla också en mörkare skiftning högst upp på stjälkarna, där de skuggas av blomhuvudena.

När du färglägger blad och stjälkar ser du också om det finns stora fält av mörk bakgrund som kan fyllas med ytterligare ett blad.

Välj vilken sida som ska skuggas och måla tunna streck längs stjälkkanterna.

Måla en mörkare grön skugga mitt på bladen och dra med fingret längs med gränslinjerna.

5 Ljusa skiftningar på blad och stjälkar

Utgå från den gröna färgen du använde till bladen och gör den ljusare med solgult. Ta en spetsig fineliner och dra tunna, klart gulgröna konturlinjer längs bladen i förgrunden, speciellt utmed ytterkanter som kan tänkas vara mer belysta än andra. Måla också en ljus rand längs stjälkarna, på den sida som inte har en mörk skugglinje. Gör detta på alla blad och stjälkar runt om stenen.

6 Färglägg blomhuvudena

Variera blomhuvudenas form. Några kan ha droppform, med de två yttre kronbladen tätt slutna. Andra gör du mer öppna, då framträder de yttre kronbladens individuella form tydligare och man kan även skymta toppen på kronbladen innanför. Se teckningarna på sidan 27, där visas blomhuvuden i olika stadier av utveckling. En bra blandning av dessa gör motivet mer realistiskt.

Lägg en stor klick rött på paletten och blanda den med så mycket vitt att du får en klarrosa nyans. Måla kronbladen med en mellanstor flat- eller filbertpensel. Dra penseln uppåt från kronbladens rundade fästen och låt smala ränder av bakgrundsfärgen lysa igenom längs kanterna. Om inte färgen täcker kan du måla kronbladen en gång till sedan det första skiktet torkat.

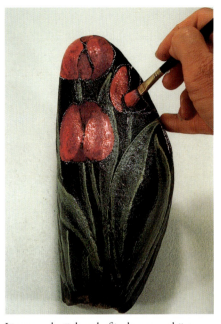

Ljusa skiftningar gör att stjälkar och blad framträder bättre.

Jämna och täckande färglager ger bäst resultat.

Rätt   Fel

För att få djupverkan där växtdelar överlappar ska skuggningarna vara mörka, inte ljusa.

7 Skiftningar i kronbladen

Blanda en aning svart i lite rött så att du får en mörkt rödbrun färg. Använd en något mindre, bara lätt fuktad filbertpensel till det här momentet, eller en ganska sliten rundpensel med lätt spretande borst. Måla korta skuggstreck nertill på kronbladen, gör dem lätt böjda för att understryka den rundade formen. Där kronblad möts eller överlappar målar du skuggor i mellanrummen. Dra en längre, svängd mörk linje längs mitten av varje helt kronblad för att antyda en nerv. På kronblad som inte syns helt drar du linjen där mitten borde vara. På tulpanens kronblad kan man också se upphöjda små åsar som utgår från mittnerven. De kan antydas med en torr pensel med spretande borst – dra svagt böjda linjer från mitten och utåt-uppåt.

8 Vita kanter

Använd en fineliner och vit färg till de framträdande vita kanterna som får tulpanerna att lysa. Börja högst upp på de yttre kronbladen. Med en liten snärt gör du korta pendeldrag neråt och vinklar dem in mot mittnerven. Gör längre och tätare streck i mitten, låt dem sedan bli kortare och glesare ju längre ner på kanterna du kommer. Jämna till kronbladen i ytterkanten med en vit konturlinje runt varje. Måla också vita kanter på de inre kronblad som skymtar fram.

Blanda sedan lite rött i vit färg till en ljusrosa nyans och gör övergången mellan de vita strecken och kronbladens klarrosa yta lite mjukare. Fortsätt att dra lätt böjda, rosa linjer nästan ända fram till mittnerven. Gör likadant med alla blomhuvudena.

Vita kantlinjer ger tulpanerna tydligare volym och får kronbladen att lysa.

De lätt svängda, mörka skuggstrecken ger tulpanhuvudet en rund form.

Ljusrosa linjer gör övergången mellan de vita strecken och blommans mörkare rosa bottenfärg mjukare.

Med en enda tunn linje kan man få blomhuvudet att luta utåt från stenen.

9 Avslutande detaljer

Gör ren finelinern och blanda till en rosa kulör i ungefär samma nyans som den ursprungliga till kronbladen. Måla en linje under alla blomhuvudena för att framhäva dem bättre. Ett annat sätt att skapa djup bakom tulpanerna är att måla en mörk skugga på ställen där blommorna överlappar ett blad eller en stjälk.

Betrakta ditt verk från alla håll och se till att alla blommor, blad och stjälkar framträder tydligt. Färgerna får ytterligare lyster och ett bra skydd om du sprejar den färdigmålade stenen med klarlack.

Den här tulpanstenen står stadigt på ett plant underlag, men den gör sig ännu bättre i en kruka. Krukan har samma funktion som ramen runt en tavla.

Skuggeffekter bakom blomhuvudena skapar djup i bilden.

Med sitt tydliga motiv är tulpanstenen mycket effektfull och gör sig bra som dekoration precis som den är …

… eller planterad i en trevlig kruka.

Fler idéer

Tulpaner kan se ut på många olika sätt och är ett tilltalande motiv för såväl nybörjare som mer erfarna stenmålare.

Sätt ihop tulpaner med andra vårblommor till en färgstark miniplantering i en skål eller kruka.

I det här arrangemanget är tulpanerna enkla och stiliserade.

Förebilden till den här avancerade blomstergruppen är ett stilleben av en gammal holländsk mästare.

Kanin

När du vill måla ett pälsdjur är en vildkanin ett bra projekt att börja med. Välj en slät sten, ungefär lika stor och med samma form som en rejäl bakpotatis. Stenen bör vara slät och plan på en sida så att den kan ligga stadigt på ett bord utan att vippa.

Den ideala kaninstenen är oval, som i figur A nedan, men det finns många andra former som också passar. Stenen kan var smalare och högre (B), den kan vara mer fyrkantig (C) eller smalna av lite mot en sida (D). Det viktigaste är att formen känns symmetrisk och att den tänkta undersidan är plan så att kaninen inte står ostadigt.

När du har hittat en passande sten ska du skrubba den ren och låta den torka. För den ovane är det lättast att måla på en slät, småporig yta. På en grov och gropig yta är det mycket svårare att lyckas med de viktiga smådetaljerna.

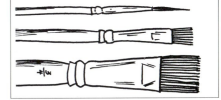

Det här behöver du

- akrylfärger: svart, vitt, guld, rött och bränd siena
- penslar: bred, mellanstorlek och smal
- blyertspenna eller tavelkrita

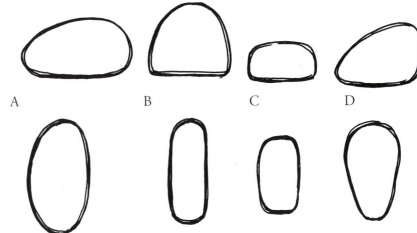

Från sidan.

A B C D

Ovanifrån.

Olika stenar som passar till en kanin.

En perfekt kaninsten.

1 Disposition

Ta svart färg på den bredaste penseln och grundmåla hela stenen utom undersidan. Om stenen blir grå sedan den har torkat målar du den en gång till med svart. När färgen har torkat helt är det dags att börja skissa på kaninen. Tänk dig stenen delad i tre lika stora delar (fig. A). I den främre tredjedelen ryms huvudet och i den bakre syns bakbenens lår. Rita svaga hjälplinjer för kroppsdelarna med vässad blyertspenna eller vit tavelkrita. Kontrollera uppifrån att linjerna blir ungefär likadana på båda sidor. Där käklinjerna möts ovanpå stenen börjar öronen. Rita ett öra på var sida om mittlinjen, låt dem sträcka sig bakåt till mitten av stenen (fig. B).

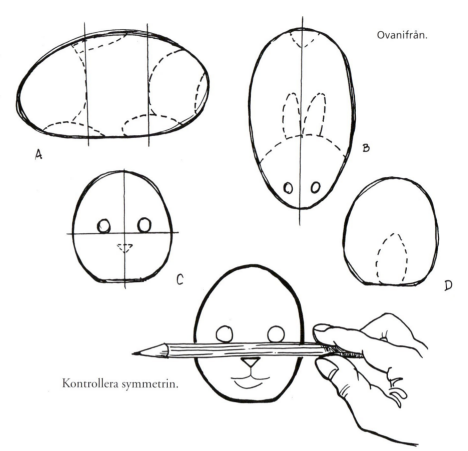

Kontrollera symmetrin.

Ta sedan itu med ansiktet. Vänd stenen så att du ser kaninen framifrån och tänk dig kortändan indelad i fyra likvärdiga delar av en horisontell och en vertikal linje (fig. C). Placera ögonen alldeles ovanför den horisontella linjen. Gör ögonen ganska små och lämna ungefär dubbel ögonbredd mellan dem. Om ögonen blir för stora ser kaninen lätt ut som en karikatyr. Kontrollera symmetrin med hjälp av en penna (se bild).

Nosen ritar du in som en triangel på den vertikala delningslinjen mellan ögonen. Gör inte nosen för klumpig, ögonens diameter är ett bra mått på hur bred triangeln bör vara upptill.

Om hjälplinjerna skulle hamna fel kan du lätt stryka ut dem med en fuktig trasa eller måla över dem med svart färg.

Vänd på stenen och rita in en oval svans på bakänden (fig. D). Markera tassar längs undersidan, två på var sida.

Tassarna ska synas tydligt men inte vara för stora.

2 Vita kontraster

Måla tassarna och svansen vita, ta ordentligt med färg så att den täcker. Pälsen ser fluffigare ut om du drar penseln utåt mot kanterna så att övergången blir lite ojämn.

Byt till en smalare pensel. Fyll i nostriangelns två nedåtgående linjer med vitt och markera munnen. Måla därefter öronens konturer vita och markera öronvikningen med en vit linje inuti öronen (se bild).

Måla en linje på insidan av varje öra där de är vikta.

3 Ögonfransar

Fortsätt med vit färg och den smala penseln. Dra "ögonfransar" med tunna linjer runt ögat. Börja upptill på ögats utsida och måla ett långt, svagt böjt streck nästan ända upp till örats fäste. Fortsätt att dra streck runt ovansidan av ögoncirkeln men gör strecken gradvis kortare mot insidan av ögat. Under ögonen målar du en rad med kortare fransar men börja inte alldeles intill ögat utan lämna en svart kant närmast under ögoncirkeln.

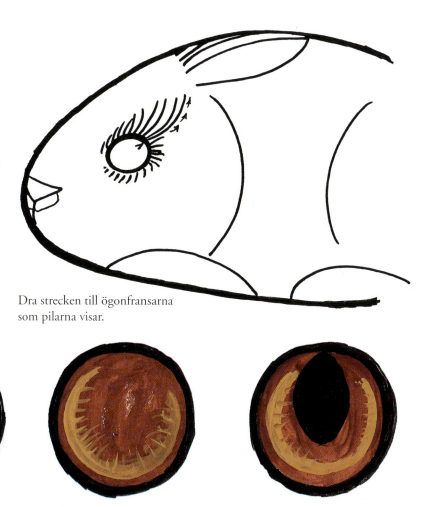

Dra strecken till ögonfransarna som pilarna visar.

Ögonen målas i tre steg.

4 Ögon och öron

Fyll i båda ögoncirklarna med bränd siena. Var noga med att de blir fint rundade. Om de blir ojämna eller om du av misstag målar över någon av ögonfransarna låter du den bruna färgen torka och justerar sedan ögats konturcirkel med svart och fyller i med vitt där det behövs.

Blanda därefter en aning guld i sienan på paletten så att du får en ljusare brun nyans. Med den målar du en ljus halvcirkel inuti ögoncirkeln (se bild ovan). Det ger ögonen mer liv och större djup.

När den bruna färgen har torkat målar du med svart en oval pupill i varje öga. Placera dem så att de snuddar vid ovansidan av ögoncirklarna.

Fortsätt sedan med öronen. Rengör penseln väl och blanda en liten klick rött med vitt tills du får en mellanrosa ton. Tillsätt lite guld för att få en blek hudfärg. Måla insidan av öronen, men inte ända ut till konturlinjerna. Lämna de vikta delarna av öronen omålade så länge.

Blanda lite bränd siena i hudfärgen på paletten och måla några mörkare skuggstreck längs insidan av öronen (se bild till höger).

Mörkbruna streck ger skuggeffekt på öronen.

5 Päls

Nästa steg blir att måla de små strecken i pälsen. De ger kaninen ett mjukt och realistiskt utseende. Gör strecken så tunna och fina som möjligt. Späd färgen så att den blir lätt att stryka ut, men inte så mycket att den inte täcker. Pälshåren ska vara tydliga och distinkta när de har torkat. På figuren till höger ser du i vilken riktning pälshåren ska dras. Måla raderna av streck lite om lott och variera både riktning och tjocklek en aning så ser det naturligare ut.

Börja med en rad streck utmed ena käklinjen. Håll i stenen och dra strecken nedåt (se bild nedan). Lätta på penseltrycket mot slutet av varje streck så att alla hårstrån slutar i en fin spets. Måla ännu en rad med hår ovanför den första. Efter tre eller fyra rader med delvis överlappande streck bör du ha nått fram till de undre ögonfransarna. Måla inte för nära ögat utan lämna en svart rand närmast för kontrastens skull.

Gör likadant med andra käklinjen. Fortsätt sedan med bakbenen.

Måla strecken i den riktning som pilarna visar.

Måla först streck runt om utmed de hjälplinjer som markerar låren. Placera strecken ungefär som ekrarna på ett hjul. Fortsätt med en rad till innanför och dra resten av strecken som på teckningen här ovan. Låt strecken överlappa så ser pälsen naturligare ut.

När det är dags för ryggen börjar du måla från öronen och bakåt, men lämna en svart rand som kontrast närmast öronen. Arbeta bakåt mot svansen och variera både längd och tjocklek på strecken. Genom att sätta dem intill varandra som i ett M i raden bakom huvudet, skapar du en illusion av skuldror. Lämna lite svart emellan innan du påbörjar nästa rad. Med lite gluggar här och var i det svarta blir effekten mer realistisk. Sluta med pälshåren strax före svansen och sätt strecken lite glesare ner mot tassarna så att du lämnar mera svart precis ovanför dem.

Måla pälshåren med korta, tunna streck.

Strecken runt låren ska dras som ekrarna i ett hjul.

Låt svarta partier inrama öronen och andra kroppsdelar.

Små pälsstreck i öronen får dem att se mjukare ut.

6 Ansiktsdrag

Nospartiet och pannan blir nästa uppgift. Till nostriangeln blandar du lite bränd siena i rosa. Färglägg mitten av nosen och lämna en svart konturlinje runt om.

Gör ren penseln och övergå till vit färg. Måla ytterst små, vita streck runt ytterkanterna på öronen, så att de ser mjukare och mer naturliga ut. Dra några stycken glesa, längre vita streck i det rosa inuti öronen.

Börja sedan med pälshåren i pannan en aning ovanför nosen och dra strecken bakåt-utåt i solfjädersform i lite ojämna rader. Avsluta med en tätare rad av små korta streck uppe på huvudet alldeles framför öronens fäste, men se till att lämna en svart rand för kontrastens skull.

Ansiktet framifrån.

Det går lättare att måla pälshåren i pannan om du håller upp stenen.

Nosdetaljer.

Morrhåren.

7 Avslutande detaljer

I de tre avdelningarna ovanför och under munnens linjer målar du två rader av små fina streck i halvcirkelform. Du kan måla över de vita munlinjerna med svart så framträder munnen tydligare som ett svart ankare (se bild överst på nästa sida).

Byt till guldfärg och ge pälsen lyster genom att måla tunna streck först runt nospartiet och sedan över resten av kroppen. Skiftningarna bidrar till att kaninen ser naturligare ut. Ta sedan lite bränd siena i guldfärgen och måla glesa streck på de vikta delarna av öronen – täck dem inte helt utan låt fortfarande det svarta lysa igenom.

Blanda i ännu lite mer siena i färgen och måla streck i solfjädersform alldeles ovanför nostriangeln och på utsidan av nosen. Blanda sedan en aning svart i färgen och sätt några prickar som morrhårsfästen på var sida under nostriangeln.

Skölj penseln och blanda vit färg med så mycket vatten att färgen flyter lätt men fortfarande täcker bra. Måla därefter tre eller fyra långa, lätt böjda morrhår på var sida av nosen. Sätt till sist en vit prick i ögonens pupiller. Med den lilla pricken ger du kaninen liv, men se till att prickarna hamnar på samma ställe i båda ögonen, så att kaninen inte blir vindögd. Titta på kaninen ur alla vinklar. Har du gjort tillräckligt många streck för att pälsen ska se mjuk och fluffig ut? Komplettera om det behövs. Om några ljusa streck har flutit ihop till en störande fläck, kan du separera dem genom att måla dit ett eller ett par svarta streck. Vill du göra morrhåren tydligare drar du en ytterst tunn, svart linje under dem.

När du är nöjd med ditt verk vänder du på stenen och signerar den i botten. Skriv både namn och datum med en märkpenna.

Med en lätt dusch av sprejlack

En färdig stenkanin.

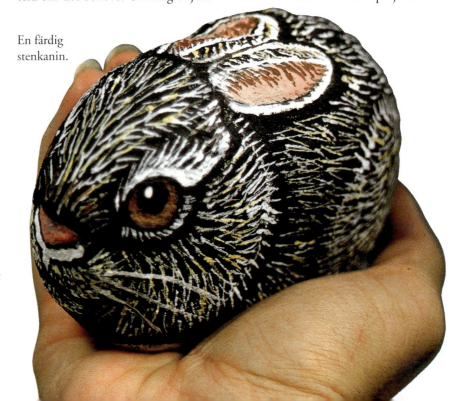

40

En hel kull kaniner.

framhävs färgerna och du ger samtidigt kaninen en tåligare yta. Limma gärna fast en bit mörkt filttyg på undersidan av kaninen, så riskerar du inte att repa underlaget där den ska stå.

Stenkaninerna gör sig fint i en liten korg eller som prydnad mellan krukväxter på fönsterbrädan. De passar också som brevpressar och kanske bokstöd. En kaninkull är alltid tilldragande som bordsdekoration, speciellt till påsk förstås, och med några egenhändigt dekorerade stenkaniner på lager har du också trevliga gåvor till hands.

Stenkaninen kan lika väl ha sitt bo i en korg som i en blomkruka.

Kattunge

Med sina stora, nyfikna ögon och små hoprullade, ulliga kroppar är kattungar i sten nästan lika oemotståndliga som förebilderna.

Kattungar kan målas på en mängd olika sätt för att likna den ena eller andra rasen, och färgställningarna går att variera i det oändliga.

Pälsens realistiska utseende skapas med en mängd tunna fina streck, så en naturtrogen kattunge är ett projekt som kräver en del precisionsarbete. Det underlättar om pälsen är mönstrad, som i mitt exempel. Genom att följa beskrivningen tror jag säkert att även förhållandevis ovana stenmålare blir mycket nöjda med resultatet.

Stenen kan se ut på många sätt, vanligast är kanske att man väljer en med oval form, men rundare stenar går också bra. Det mest perfekta är nog en njurformad sten. Här målar vi en liggande kattunge, men den kan förstås även målas i andra ställningar, som passar bättre till högre stenar.

Välj ut en sten som är mellan 12 och 17 cm lång och högre än 5 cm, dock inte så rund att den ser ut som en boll. Ta helst en sten med slät yta – vänta med att försöka utnyttja ojämnheter i utformningen tills du blir lite van. Då ser du lättare om en skåra löper så att den passar som markering för svansen eller om en utbuktning i ena änden kan bli en naturlig plats för huvudet. Jag tycker det är roligt att använda stenar med speciella egenheter och försöker ofta hitta sätt att utnyttja dem i kompositionen. En god regel är annars att undvika stenar med gropar och defekter, eftersom dessa gör detaljmålningen svårare.

Bra proportioner är en av grundförutsättningarna för ett lyckat slutresultat.

En bra sten till kattungen får plats i handflatan.

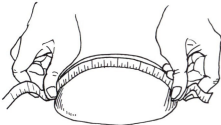

Mät stenens längd tvärs över.

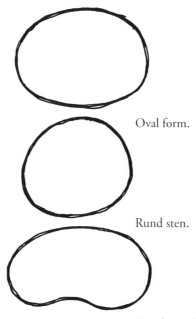

Oval form.

Rund sten.

Njurformad.

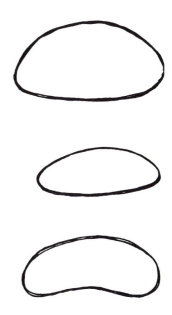

Det här behöver du

- akrylfärger: svart, vitt, bränd siena, guld, rött och grönt
- penslar: bred, mellanstor och smal med fin spets
- blyertspenna
- måttband

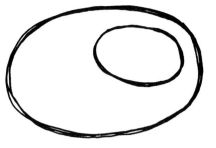
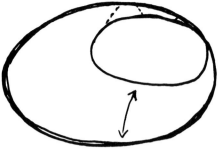
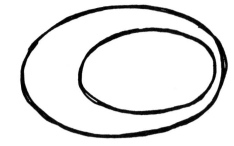

För litet huvud.   För högt placerat huvud.   För stort huvud.

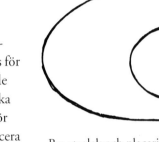

Bra storlek och placering på huvudet.

1. Huvudets placering

Skrubba stenen och låt den torka. Ställ den framför dig på en plan yta och ta reda på hur den står stadigast. Bestäm sedan var huvudet ska vara. För att ge en uppfattning om proportionerna kan nämnas att på min sten, som är 15 cm lång, är huvudet ungefär hälften så brett, ca 7,5 cm.

Men var ska huvudet placeras? Tänk först på att öronen kommer att sticka upp åtminstone 2,5 cm ovanför ansiktsovalen, så se till att du har plats för dem på samma sida som ansiktet; de ska inte vika sig över toppen. Det ska också finnas plats under huvudet för tassarna. En bra tumregel är att placera ansiktet så långt ut mot sidan som möjligt och inte lägre än att tassarna ryms under.

När du hittat bästa platsen ritar du in ansiktsovalen på stenen.

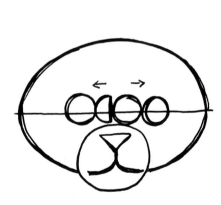
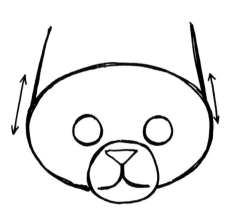

Ögonavstånd: ett och ett halvt öga.   Öronen sitter långt ut på huvudet.   Gör örontrianglarna ca 2,5 cm höga.

2. Ansiktsdrag

Markera nosen med en cirkel, ca 2,5 cm i diameter. Rita den så att en tredjedel av cirkeln ligger under ansiktsovalen. Skissa nosen som en liten triangel i cirkelns övre tredjedel. Rita sedan in munlinjerna som på bilden ovan.

Till ögonen tänker du dig en horisontell linje mitt i ansiktsovalen. Utefter den ska ögonen ligga. Placera ögonen en dryg centimeter innanför ansiktskonturen och låt avståndet mellan dem bli ungefär ett och ett halvt öga (se bild ovan).

Öronen sitter långt ut på huvudet, så dra streck till utsidorna direkt upp från ytterändarna på ansiktsovalen. Olika kattraser har olika stora öron, men här är de ca 2,5 cm långa. Ge öronen triangelform och låt det vara ungefär ett öras bredd mellan dem.

3 Bakben, tassar och svans

När huvudet väl har fått sin plats är resten av kroppsdelarna relativt enkla att placera. Kattens bakbenslår utgörs också av en oval, lite vinklad i förhållande till huvudet (se bilden nedan). Avståndet mellan huvud och bakben bör vara minst 7–8 mm.

Rita svansen lätt krökt från låret och nästan ända fram till ansiktet, men inte närmare än 7–8 mm. Böj upp svanstippen lite extra så att den inte går ihop med framtassen. Framtassarna ritar du som två smala ovaler under hakan på katten. Förskjut dem något så att öppningen mellan tassarna inte hamnar precis mitt under hakan.

När du är nöjd med kroppsdelarnas placering fyller du i alla konturlinjer med svart färg. Använd en pensel i mellanstorlek. Måla också svart i mellanrummen mellan framtassarna, svansen, bakbenen och huvudet, ända upp till öronspetsarna. Byt till en smalare pensel och fyll i ansiktsdragen. Försök att göra ögoncirklarna lika stora och så runda och jämna som möjligt.

Kroppsdelarna skissas som förenklade former.

Fyll i ansiktsdragen med svart.

4 Pälsens mönsterteckning

Pälsens teckning kan varieras i det oändliga med olika kombinationer av färger och fläckar. Jag har valt en mönsterteckning som framhäver kroppsdelarna. Börja med en vit bläs som täcker området mellan ögonen och går ner över kinder och nosparti (se bild till höger). Fortsätt med en fransig "krage" mellan öronen och ett längre band bakom den. Dela in låret i tre fläckar med ett uppochnervänt Y. Markera också en 2,5 cm stor fläck ytterst på svansspetsen och en lika stor, halvcirkelformad fläck en bit in på svansen alldeles under låret. På baksidan av stenen ritar du in ytterligare två breda, svagt böjda band som sträcker sig över hela stenen.

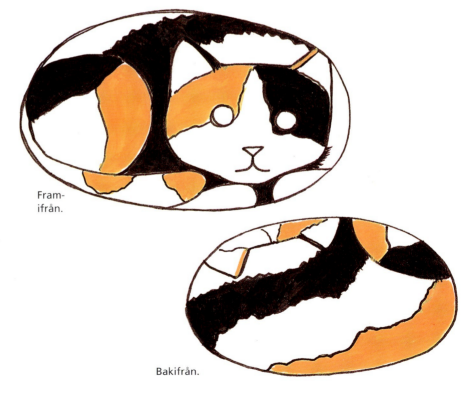

Framifrån.

Bakifrån.

5. Färglägg pälsen

Använd en ren, mellanstor pensel och måla först de vita fläckarna (se bilden). Börja med bläsen i ansiktet och var noga med att inte måla över hjälplinjerna vid nos och mun. Måla sedan framtassarna, kragen mellan öronen, mittfläcken på låret och svansen, utom de avgränsade fläckarna. Avsluta med mittenbandet på ryggsidan.

Gör ren penseln och byt till guldfärg. Fyll i fläcken över vänsterögat, en fläck på låret, svansfläckarna och det nedersta bandet på ryggsidan. Byt till den spetsigaste penseln och dra en tunn guldgul linje runt utsidan på kattens högra öra. Var noga med att inte måla över den svarta konturlinjen, den behövs för att ge örat volym.

Fyll därefter i alla övriga fläckar med svart, men lämna ögon, nos och öron omålade.

Vita fläckar.

Guldgula fläckar.

Svarta fläckar.

6. Nos och öron

Blanda ett par droppar vit färg med en aning rött till en djuprosa nyans. Ta din spetsigaste pensel och måla nostriangeln. Fyll också i munnens linjer med rosa. Dämpa färgen med guld så att den blir mer hudlik och fyll i örontrianglarna.

Måla nosen i en djuprosa ton.

Blanda en hudfärg till öronen.

Bakifrån.

Framifrån.

7 Hårstrån i pälsen

Nästa steg blir att med smala, fina streck ge kattungen en fluffig päls. Måla i den riktning som pilarna visar på teckningen ovan, så ser pälsen naturlig ut.

Börja med den gula fläcken på låret och dra korta, tunna streck med bränd siena. Använd din smalaste, spetsigaste pensel. Dra strecken inifrån och utåt, låt dem överlappa något och variera riktningen emellanåt. Använd samma färg till lite längre strån inuti öronen.

Vänd sedan på stenen och måla en rad korta, fina pälshår med bränd siena på den gula fläcken vid vänstra ögat. Dra strecken utåt från ögat. Fortsätt med smala streck på svansens gula fläckar och på det gula bandet på ryggsidan.

Gör ren penseln och blanda guld med vitt till blekt halmgult. Måla fler pälshår med den färgen på alla gula fläckar där du nyss använde bränd siena. Var lite sparsam med strecken, använd den ljusa färgen mest för att ge lyster och mjuka upp konturerna på fläckarna. Över ögoncirkeln gör du korta, ytterst tunna gula linjer. Längs kinden och mot den vita kragen drar du ut små spetsar. På lårets gula fläck ska strecken dras rakt ut från låret. Avsluta med små spetsar runt de gula svansfläckarna och vid örats gula kantlinje.

Tvätta penseln och blanda till en ljusgrå färg av lite svart och vitt. Använd den för att ge lyster åt alla svarta fläckar i pälsen. Dra tunna streck ut från ögat i det svarta fältet och gör en rad längre upp mot kragen. Måla sparsamt med streck längs undersidan av lårets svarta fläck. Gör på samma sätt med alla svarta partier på katten.

Använd den grå färgen också till att mjuka upp och ge lyster åt de vita fläckarna i pälsen (men de får inte bli mer grå än vita). Låt ovansidan av tassarna vara helt vita men skapa en skuggeffekt längs undersidan med fina grå streck. Gör övergången mellan vita och svarta fläckar mjukare med tunna mörkgrå streck.

Blanda lite mer svart i färgen och måla streck som framhäver nosen, dra dem utåt som ekrar i ett hjul (se bild på nästa sida). Sätt också ut några prickar som fästen för morrhåren.

Bruna streck strålar ut runt ögat.

Små hårspetsar ger mjukare gränslinjer.

Grå pälshår skapar lyster i svarta fläckar.

8 Ögat

Så är det dags att ta itu med ögat. Ögonfärgen hos de flesta kattungar skiftar från blekt blågrått till gulgrönt. Till den här kattungen har jag använt grönt som dämpats med bränd siena. Var noga med att lämna en tydlig svart konturlinje runt hela ögat. Innan ögonfärgen torkar doppar du penseln i lite guld och målar en ljusare ring inuti ögat. Skölj penseln och torka av den. Dra därefter små strålar med yttersta spetsen på penseln från den inre gula ringen ut i den gröna delen.

När färgen har torkat målar du dit svarta pupiller. Gör dem lite ovala och låt dem hänga från ögats överkant, så att det ser ut som om katten tittar uppåt.

Grå streck i nospartiet.

Ögonen målas gulgröna med svart pupill.

9. Avslutande detaljer

Tvätta penseln och övergå till vit färg. Måla långa, fina hårstrån i öronen över de mörka du gjorde tidigare. Gör sedan bläsen mellan ögonen lite mjukare i konturerna genom att dra ut små taggar längs kanterna. Vrid stenen så blir det lättare att dra strecken.

Till morrhåren kan du behöva späda färgen något för att den ska flyta ut lättare i ett enda långt penseldrag. Börja invid nosen och dra strecken utåt i eleganta bågar. Tre eller fyra på varje sida räcker.

Ge till sist katten glimten i ögat med en vit prick nära kanten av varje pupill.

Som med alla konstverk avslutar du med att signera ditt verk och ytbehandlar det för att skydda färgerna.

Mjuka upp kanten på bläsen med små streck.

Ge katten liv med en vit prick i varje öga.

En kattunge är väl så gullig, men två eller tre i en liten korg eller på en kudde är helt bedårande! När du har målat en kattunge efter den här beskrivningen är det bara att variera mönstret och skapa nya små underverk. Grundprincipen är densamma också för enfärgade katter. Samla gärna bilder på kattungar och försök dig på olika raser. Bra källor är kattkalendrar, reklam för kattmat och speciella kattidningar.

En samling kattungar av olika raser.

Räv

Rävens vackra, yviga svans och dess fina, nästan kattlika ansikte gör den till ett spännande motiv på stenar. Jag målar både röda och grå rävar, men föredrar rödrävar därför att de vita pälshåren på kragar, nosar och svanstippar kontrasterar så fint mot de varmt brunröda nyanserna i pälsen.

Det är mycket viktigt att man är noga med dispositionen av stenen när man målar en räv. Stenens rundning kan lätt förvanska nospartiets form så att hela huvudet tycks lite snedvridet.

Rävar kan målas i nästan vilken storlek som helst, från små rävungar som inte är större än en tennisboll, till jätteexemplar som man knappt orkar rubba. Du gör klokt i att börja med ett mellanting. En bra rävsten ska vara trind och nära nog helt rund eftersom det behövs gott om plats för de morskt upprätta öronen. Men stenen måste kunna stå stadigt, så leta efter en som liknar en handboll men har en tillplattad bottenyta.

Det underlättar dispositionen av stenen om dess ena sida inte är fullt så rundad som den andra.

Börja med att skrubba stenen ren och låta den torka.

Det här behöver du

- akrylfärger: svart, rött, vitt, guld och bränd siena
- penslar: ett urval i olika storlekar
- vit tavelkrita

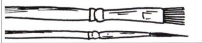

Leta efter en så rund sten som möjligt.

Det underlättar om den ena sidan är rundare än den andra.

En lämplig rävsten.

1. Grundmålning

Häll ut en stor klick röd färg på paletten och blanda i små mängder svart tills du får en bra djupröd färg (eller köp en färdigblandad i rätt nyans). Använd en stor pensel och måla alla synliga sidor av stenen med den här grundfärgen. Låt färgen torka helt innan du fortsätter.

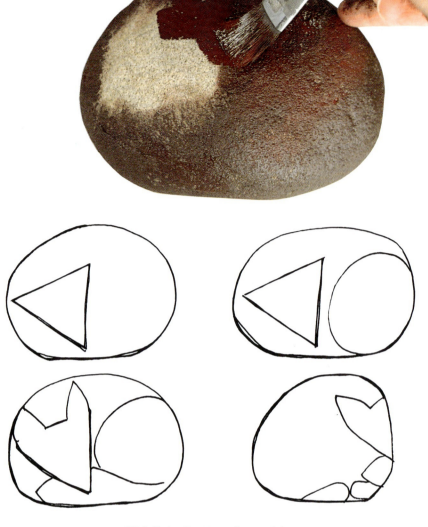

2. Disposition

Skissa konturerna av rävens kroppsdelar på stenen med tavelkrita. Till rävens ansikte utgår man från en liksidig triangel, vars sidor ska vara hälften av stenens längd. Du kan rita in ansiktstriangeln med ovansidan antingen vågrät eller vinklad 45°. Se till att det finns utrymme ovanför, så att öronen får plats. Om huvudet sitter för högt kanske öronen viker sig bakåt över stenen och mer eller mindre försvinner ur sikte.

Triangelns undre spets ska hamna nästan i underkant på stenen. Bakbenslåret ritas som antingen en cirkel eller en oval och bör vara ungefär lika brett som huvudets sidor. Svansen ligger krökt under nosen. Eventuellt kan det finnas plats för ett par tassar också intill svanstippen. Markera dem i så fall som två liggande ovaler (se bilden ovan).

Dela ansiktstriangeln horisontellt på mitten och sedan vertikalt i tre lika delar (se bild nedan). Rita in ögonen i linjernas skärningspunkter. Rävens ögon sitter brett isär, två eller tre ögonbredder bör rymmas emellan.

Öronen är triangelformade och placeras över ansiktets två yttre tredjedelar. Gör dem ungefär hälften så höga som ansiktstriangelns mittlinje.

Skissa upp den vita kragen med en taggig linje utmed vänstra sidan på

Hjälplinjer för rävens kroppsdelar.

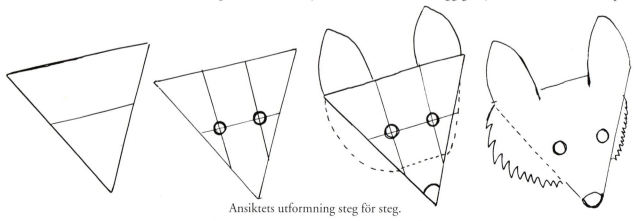

Ansiktets utformning steg för steg.

52

Lägg märke till hur ansiktets proportioner förändras ur olika vinklar.

ansiktstriangeln. Om huvudet är vinklat blir kragen på andra sidan mycket smalare, eftersom den knappast syns framifrån. Markera nosen med en halvcirkel i ansiktstriangelns nedre spets. Nosens diameter bör vara något större än ögonens. Innan du fortsätter ska du kontrollera att ansiktsdragen är symmetriska. Lägg en penna precis under ögonen, den ska då ligga parallellt även med undersidan på öronen. Det är lättare att rätta till misstag nu än senare, så var noga med symmetrin redan från början.

Klar att måla.

3 Konturlinjer

Fyll i konturlinjerna runt huvud, lår och svans med svart färg och en mellanstor pensel. Följ öronkonturerna uppåt med penseln, från huvudets ovansida till yttersta öronspetsarna. Antyd skulderpartiet på ryggen med en M-formad kurva bakom öronen (se bild nedan). Lägg svart färg på ytorna mellan huvud och lår. Måla konturlinjer runt ögonen som bilden till höger visar. Linjerna under ögat, som dras från ögonvrårna, ska anpassas efter huvudets lutning. Måla också nosen och tassarna svarta.

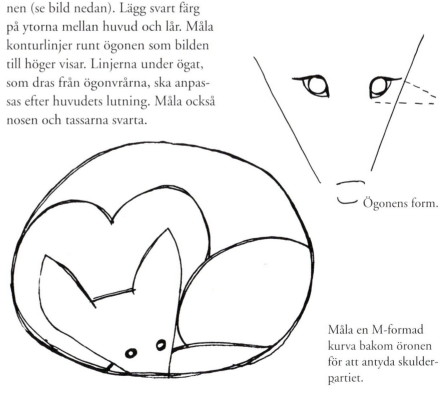

Ögonens form.

Fyll i ögonkonturerna och måla nosen svart.

Måla en M-formad kurva bakom öronen för att antyda skulderpartiet.

4 Kontraster

Låt den svarta färgen torka och fortsätt sedan med vit färg. Måla först svansspetsen, därefter noskonturerna – runda av nosen nertill. Måla båda sidorna på nosen vita, gör sidan mot låret något smalare för att understryka huvudets lutning. Måla inte ovansidan på nosen, den ska vara mörk. Lämna också ett litet mörkt parti ovanför vänstra sidan av nosen, innan den vita kragen tar vid. I kragen drar du strecken utåt och gör dem gradvis längre tills du är i linje med yttre ögonvrån. På andra sidan nosen gör du kragstrecken lite kortare och mer böjda.

Dra kraftiga konturlinjer runt öronen, men använd den spetsigaste penseln till de långa, smala hårstråna inuti öronen. Måla också lite vitt mellan ögonen ovanför nosen, som en svagt glänsande rand.

Vita partier runt nos och öron.

5 Pälsen får struktur

Blanda lika delar guld och vitt till en blek halmgul färg. Börja måla spetsiga hårstrån på låret. Gör först en rad streck utefter konturlinjen. Fortsätt sedan att måla streck tills hela låret är fyllt. Låt strecken överlappa och spreta lite. Teckningarna till vänster och nedan visar i vilken riktning pälsstrecken ska dras på kroppen.

Måla därefter pälshåren i ansiktet. Gör en rad vita, diagonala streck längs nosens sidor, men lämna en smal, mörk remsa på ovansidan av nosen. Över ögonen målar du längre, svängda streck till ögonbryn. Måla pälsstreck i hela området mellan öronen och avsluta med en tät rad av korta streck som en kontrasterande

Måla pälshåren i den riktning pilarna visar.

Pälsen sedd ur olika vinklar.

Pälshåren på låret.

Låt strecken överlappa.

En mörk rand antyder skulderpartiet.

rand mot det mörka partiet uppe på huvudet. Under ögonen gör du två rader med korta streck, men lämna några fläckar intill ögonvrårna omålade, så att det ser ut som spår efter tårar.

Vänd på stenen och ta itu med ryggområdet bakom öronen. Börja med första streckraden ett par centimeter bakom det mörka bandet mellan öronen. Dra strecken utåt i solfjädersform och låt raderna överlappa en aning. Måla streck fram till skulderpartiets M-kurva, där hoppar du över en dryg centimeter av den mörka underpälsen och fortsätter sedan med pälsstreck som följer kurvan. Lite längre ner på ryggen lämnar du ytterligare en mörk rand, för att göra baksidan lite intressantare. Följ därefter stenens rundning hela vägen ner till underkanten. På svansen målar du streck längs ovan- och undersidan.

Därmed är den första omgången av pälshår klar. Innan du fortsätter ska du se efter om du behöver komplettera på något ställe. Det är också ett bra tillfälle att förstärka kontraster här och var. Använd en spetsig pensel och vit färg och måla ytterligare några ytterst tunna pälshår längs insidan av låret (närmast nosen) för att framhäva den svängda linjen.

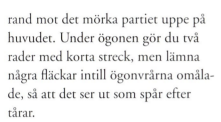
Måla lite längre hårstrån på svansen.

De ljusa strecken på nosens ovansida övergår i buskiga ögonbryn.

55

6. Ljusa skiftningar

Blanda några droppar bränd siena och lika mycket guld till en varmt rödbrun färg. Måla inuti ögoncirklarna med en spetsig pensel. Byt sedan till en bredare pensel och späd färgen med vatten. Färgen ska vara genomskinlig – testa konsistensen på ett tidningspapper innan du börjar måla på stenen. Använd den tunna färgen till att ge pälsen skiftningar på vissa ställen. Börja med området bakom huvudet, dra lätta streck bakåt men lämna den yttre raden av streck helt vita. Fortsätt med nästa pälsområde och lämna också där spetsarna vita i ytterkanten.

Gör likadant på låren utan att måla över yttersta raden av vita hår. Se till att färgen inte blir för tjock så att den döljer pälshåren under. Om den rödbruna färgen blir för täckande suger du genast upp den med en bit hushållspapper, späd sedan färgen lite mer.

I ansiktet målar du skiftningar mellan ögonen och drar penseln med lätt hand upp mot pannan. Låt områdena närmast ögonen förbli vita. Lägg rödbruna skiftningar på hela svansen fram till tippen.

Måla ögoncirklarna.

Lägg färgskiftningar i pälsen bakom öronen.

Låt pälshåren i lårets ytterkanter förbli vita.

Späd färgen så mycket att den inte täcker håren.

Även svansen ska skifta i rödbrunt.

7 Detaljer i pälsen

Blanda bränd siena med svart till en mörkbrun nyans som ska ge extra djup åt rävens päls. Använd den spetsiga penseln och måla mörka pälshår bland de ljusare på låret. Sätt dem tätare på underdelen av låret och glesare upptill. Några mörka streck bland håren i ansiktet ger också fin effekt.

Tunna pälshår på låret.

Några mörka penseldrag i ansiktet.

8 Avslutande detaljer

Skölj ur penseln och doppa den i svart. Måla pupillerna i ögonen och förstärk konturlinjerna så att de blir skarpa och tydliga. Måla också lite svart i övergången mellan nos och krage. Sätt med yttersta spetsen av penseln några svarta prickar i rader utmed nosen och måla fyra eller fem svagt böjda morrhår på var sida, lite kortare på den sida som är bortvänd.

För att ge ögonen mer djup blandar du en aning bränd siena i den svarta färgen på penseln. Måla övre halvan av ögonen med den mörkbruna färgen.

En helt vit prick i överkant av pupillen får ögat att se fuktigt ut.

Pupillen sitter högt upp i ögat.

Fyra eller fem morrhår på var sida.

Vita prickar får ögonen att glänsa.

Blanda lite svart med vitt till mellangrått och dra konturlinjer runt tassarna. Just det området, nertill på stenen vid sidan av huvudet, glöms lätt bort när man målar stendjur. Se alltid efter om det kanske behöver kompletteras med fler pälsstreck.

Som jag påpekat tidigare kan rävar målas på stenar i olika storlekar. Små rävungar blir trevliga brevpressar. Håll utkik efter bra foton som förebilder!

Glöm inte bort området nedanför huvudet.

Måla rävar på olika stora stenar. Rävungar passar bra som brevpressar.

Krysantemum

Det finns många växter att välja mellan om man vill måla blommor med små tättsittande, överlappande kronblad. Bra arter är zinnia, nejlikor, ringblommor, dahlior och så min favorit – krysantemum. Inte heller alla krysantemum är lika, en del har kompakta blomhuvuden, som små kuddar, andra har öppnare och enklare blomform, nästan som tusenskönor. Den art jag har valt här ligger någonstans mitt emellan dessa två former.

När det gäller färger är det få blommor som kan mäta sig med krysantemum i styrka och klarhet. På hösten lyser de upp med sina rikt varierade nyanser i gult, brons, mörkrött, ljuslila och till och med vitt med några blekgula stänk i mitten.

Såväl lite kantigare stenar som rundslipade passar till krysantemum. Stenar med en plan yta som gör att de står stadigt för sig själva är att föredra, men de ser lika trevliga ut lutade mot en vägg eller trappa. Två stenar som jag har valt ut har kantiga former och skapar visioner av ett frodigt bladverk som breder ut sig över en mindre kruka. Jag har också en rund, kompakt sten med naturlig skålform nertill som kommer att passa utmärkt som bordsdekoration. Antingen du väljer en kantig sten eller en rund bör den vara minst 20–23 cm hög, så att blomklasarna kan målas i nästan naturlig storlek.

Skrubba stenen och låt den torka innan du sätter igång.

> **Det här behöver du**
> - akrylfärger: svart, ljusgrönt, vitt, rött, mörkgult, koppar, guld, solgult, brunt och himmelsblått
> - penslar: fineliner nr 0 eller 1, filbertpensel nr 6, små rundpenslar samt stor och mellanstor flatpensel
> - vit tavelkritag

Tänk stort när det gäller krysantemum. De gör sig bäst avmålade på stenar som är minst 20–23 cm höga.

Varje sten kräver sin unika disposition, det viktigaste är att ha massor av runda och ovala blomhuvuden på övre halvan av stenen.

Min runda sten har en okomplicerad form och är lite bredare upptill än nertill.

1 Disposition

Bestäm först hur stor den skålformade bunken ska vara och rita upp gränslinjen till växtmassan. Måtten beror förstås på stenen, men bunken bör inte uppta mer än en tredjedel av stenens höjd. På min sten, som är drygt 25 cm bred och 23 cm hög, når den 7 cm upp.

Blanda svart med lite ljusgrönt så att den svarta färgen dämpas något. Måla hela ovansidan över gränslinjen. När grundfärgen har torkat skissar du upp blommorna och bladverket med vit tavelkrita. Stora blommor är mer effektfulla än små, och lättare att måla, så låt blomhuvudena bli minst 5 cm i diameter. Gör en del blommor helt runda och andra mer ovala, som om de vänder sig åt olika håll. Variera storleken på blommorna och låt dem överlappa här och var för att göra arrangemanget mer realistiskt. Placera också in mer eller mindre utslagna knoppar mellan de stora blommorna. Rita sedan in stjälkarna och bladverket under blomhuvudena och låt några blad hänga ner över kanten på bunken. Se till att alla sidor på stenen blir täckta.

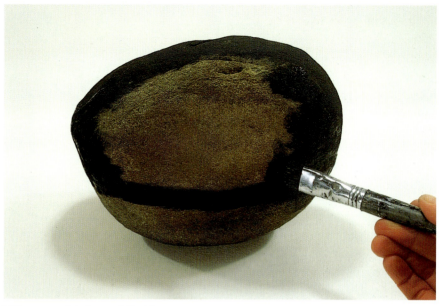

Måla en mörk bakgrund för blommorna.

Blomhuvudena ska variera i storlek och form. Låt flera av dem överlappa och rita in både oöppnade och halvutslagna knoppar.

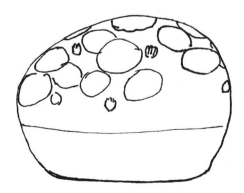

Dispositionen steg för steg.

2 Färglägg bladverket

Eftersom alla små kronblad gör blomhuvudena ojämna i kanterna är det lättast att måla bladverket först. Dämpa den ljusgröna färgen med en aning vitt och måla först stjälkarna. Använd en fineliner och dra inte stjälkarna ända ner till bunkens kant, utan lämna en mörk skuggrand emellan. Vinkla stjälkarna åt lite olika håll, låt en del bli krokigare än andra och gör små förgreningar där det passar.

Till bladen använder du en liten rundpensel eller en filbertpensel. Bladen hos krysantemum ser lite hängiga ut, särskilt de större bladen nertill. Högre upp på stjälkarna är bladen mindre och ger ett spänstigare intryck. Variera vinkeln på bladen så att plantan ser naturlig ut. Fyll ut det mesta av bakgrunden med hela blad eller delar av blad, lämna bara små mörka fält för att skapa kontrast mot det ljusare bladverket.

3 Måla blomkorgarna

Använd en mellanstor flatpensel för att blanda grundfärgen till blommorna. Utgå från röd färg och rör i små mängder svart till en mörkt vinröd kulör. Färglägg alla runda och ovala blomkorgar, även de mindre knopparna. På delvis utslagna knoppar ser man fyra eller fem kronblad som sticker ut upptill, men underkanten är sammanhängande och rundad.

När alla blomkorgar är färglagda blandar du mer svart i färgen så att den blir riktigt mörkröd, men inte helt svart. Gör en mörk cirkel i mitten av varje rund blomkorg, i de ovala blomhuvudena ska den sitta närmare överkanten.

Börja måla stjälkarna med en fineliner...

...fortsätt sedan med bladskivorna.

Den mörkt vinröda färgen ska bilda bakgrund till kronbladen.

På stenens ovansida sitter blomhuvudena tätt.

4 Måla kronbladen

Den yttre kransen av kronblad målas med en filbertpensel nr 6. Blanda två delar mörkgult med en del rött till en orangeröd färg som kontrasterar mot den mörkröda grundfärgen. Börja med blommorna på den sida du har tänkt som baksida. Då får du tillfälle att bli säkrare på handen innan du tar itu med framsidan. Sätt penseln alldeles innanför den röda blomcirkeln och dra avlånga, avsmalnande streck utåt, så att halva kronbladen ligger innanför cirkeln och halva utanför. Gör strecken lite längre på blommans undre halva än på den övre (se teckning på nästa sida).

Låt några kronblad sticka ut lite mer och måla andra en aning snett, så att blomman får en något oregelbunden form. När första kransen av kronblad är klar fortsätter du med nästa innanför. På undre halvan målar du kronbladen som liggande ovaler, eftersom de syns ur en annan vinkel. Placera dem i skarvarna mellan strecken i den yttre kransen och inte alldeles intill varandra – låt lite mörk bakgrund synas emellan så att varje

Med en mörk cirkel i mitten framhävs de små kronbladen bättre.

kronblad framträder tydligt. Ändra formen på kronbladen när du närmar dig blommans övre halva, gör dem gradvis längre och börja överlappa strecken i kransen utanför.

De följande kransarna av kronblad ska målas på samma sätt, men minska strecken en aning ju närmare mitten du kommer. Byt till en mindre pensel eller använd spetsen på filbertpenseln. Till de riktigt små, spetsiga kronbladen runt utkanten av den mörka mittfläcken tar du en fineliner. På blomknopparna gör du topparna på de fyra fem kronbladen lite ljusare.

Måla alla runda blomhuvuden efter samma mönster. På teckningen här till höger ser du hur kronbladen i de ovala blomcirklarna ska målas för att ge ett plattare intryck. Är färgen på kronbladen för svag efter första omgången kan du måla dem en gång till.

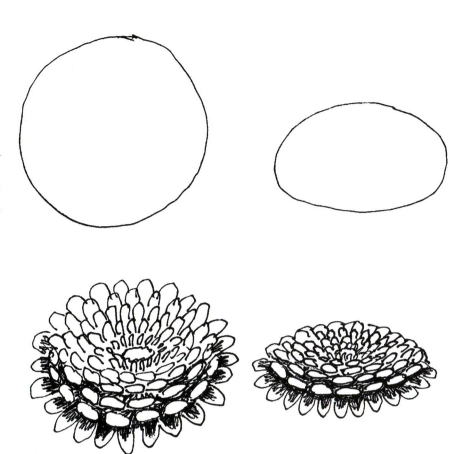

Kronbladens form ändras ur olika perspektiv.

Blommans form blir naturligt oregelbunden om du låter de yttre kronbladens längd och riktning variera något.

De individuella kronbladen framträder tydligare när de omges av mörk bakgrundsfärg.

5 Mörka skuggor

När du har målat kronbladen blandar du lite mer rött i färgen och en aning svart. Späd färgen med vatten tills den blir nästan genomskinlig och använd den till skuggor på kronbladen. Se bilderna här intill. Med en mörk halvcirkel vid kronbladens fäste skapar du en illusion av rundning. Nöj dig med att lägga skuggorna på blomhuvudenas undre del, så ser det ut som om det faller ljus uppifrån på stenen.

Byt till en spetsigare pensel för detaljerna mitt i blomman.

Arbeta metodiskt med blommorna runt hela stenen.

Skuggorna har två funktioner: de ger kronbladen volym och får blommorna att se belysta ut.

6 Ljusa skiftningar

Blanda tre delar mörkgult och en knapp del rött till en nyans som är märkbart ljusare än kronbladens ursprungliga färg. Den ljusare färgen ska få kronbladen att lysa och framträda bättre. Använd spetsen på en fineliner och fyll i alla konturlinjer runt topparna på kronbladen. Gör strecken tunna. På blomhuvudenas undre halva ska de vara U-formade så att de förstärker den rundning som de mörkare skuggorna skapat.

Du får en ännu tydligare belysningseffekt genom att göra ljusa skiftningar uppe till höger på varje blomma. Måla ljusa streck från kronbladens spetsar ner mot mitten. Små ljusa skiftningar på kronbladen gör otroligt mycket för krysantemumblommornas utseende.

Dra ljusa konturlinjer runt kronbladens toppar.

Lägg till en ljusare nyans på de övre kronbladen i varje blomma.

Fördela de ljusa skiftningarna så att några kronblad per blomma får extra lyskraft.

Här har jag valt en kopparnyans till bunken, andra alternativ är guld eller silver.

Genom att först måla en vit rand runt bunkens kant …

… får man sedan guldfärgen att lysa lite extra.

7 Färglägg kopparbunken

Använd en bred pensel för att färglägga hela bunken med en kopparnyans. Måla försiktigt runt blad som hänger ner över kanten på bunken. Mörka stenar kan behöva målas två gånger för att färgen ska täcka.

När färgen har torkat tar du en fineliner och målar en vit rand runt bunkens överkant, men akta de nedhängande bladen. Låt randen torka och måla den sedan med guldfärg. Det ger kanten en skimrande metallyster.

8 Bladdetaljer

När all färg har torkat fuktar du en trasa och tar bort eventuella kvarvarande kritstreck. Blanda därefter till en mörkgrön färg genom att tillsätta lite svart och en aning himmelsblått i den gröna färg du använde till bladverket. Med den mörkgröna färgen målar du skugglinjer längs vänster sida på stjälkarna. Lägg sedan fjäderlika skuggor på vänstra sidan av varje blad eller i nederkanten på dem. På en del blad gör du nederhalvan mörk, så att det ser ut som om den delen är vänd bort från den tänkta ljuskällan. Låt andra blad få skugga på övre halvan och lämna bladspetsen ljus. Delar av blad som sitter direkt under ett blomhuvud ska också vara mörka. Skugga en del blad sparsamt, andra mer.

Till ljusa skiftningar blandar du den ursprungliga gröna bladfärgen med lite solgult, så att den blir en aning ljusare. Använd en fineliner och måla tunna linjer som nerver på bladen. Lägg också en ljusare konturlinje i överkanten på många blad, men inte på alla.

Om det ändå syns för mycket av den mörka bakgrunden, blandar du bladfärgen med lite svart och lägger till några bladfragment här och där för att fylla ut tomrummen.

Torka bort alla spår av den vita kritan med en fuktig trasa, innan du tar itu med detaljerna.

Med mörkgröna skuggor skapas en djupverkan så att vissa bladverksdelar drar sig inåt, speciellt under blomhuvudena.

Lägg märke till hur den mörka randen mellan stjälk och krukkant får bladverket att dra sig bakåt, innanför bunken.

Ljusa skiftningar på stjälkar och bladkanter ska målas konsekvent på samma sida, så att de belyses av den tänkta ljuskällan.

Först när bladverket var färglagt såg jag att det behövdes fler blad på en del ställen. Fyll i med delar av blad i mellangrönt, utan skuggor eller skiftningar.

9 Avslutande detaljer

Ge kopparbunken lite mer lyster genom att måla guldfärgade reflexer på båda sidor. Dra svängda linjer med en stor flat- eller rundpensel.

Byt till en fineliner och solgul färg. Måla små täta samlingar av prickar i mitten av varje blomma.

Fukta en liten rundpensel med vatten och ta en aning brunt på spetsen. Färgen ska bli nästan genomskinlig och användas till skuggor under de blad som hänger ner över krukkanten. Måla skuggorna bara till vänster om bladen, så att det stämmer med hur ljuset faller på andra ställen. Blanda sedan en aning ljusgrönt med ännu mindre svart och dra mörka konturlinjer med en fineliner utmed den vänstra sidan av de överhängande bladen. Det får bladen att hänga friare från bunken.

Studera till sist blommor och blad från alla håll och kanter och kontrollera att du inte har hoppat över detaljarbetet på något ställe. Titta efter kronblad som behöver jämnas till eller göras tydligare. Fundera över om det saknas skuggor på något ställe.

När du är nöjd med ditt verk avslutar du med att spreja stenen med akryllack, som fördjupar färgerna och skyddar ytan. Om du ska ställa den färdiga stenen inomhus, limmar du fast en filtbit på undersidan av stenen för att inte underlaget ska repas.

Om du vill måla krysantemumblommorna gula väljer du en ljusbrun eller brunorange grundfärg till blomskivorna. Till vita blommor passar en grundfärg av mellangrått med lite mörkgult i.

Guldgula fläckar upplevs som reflexer och får kopparbunken att se rundare ut.

Blommornas mittpunkt accentueras av de små gula, oregelbundna fläckarna.

Bladen som faller ner över bunken ser ut att hänga i luften tack vare skuggningen.

De nakna stenarna i början av kapitlet har förvandlats till krukor med prunkande höstblommor.